AF263426

H. R.

RÉVOLUTION

ou

LÉGITIMITÉ

RÉPONSE D'UN ÉLECTEUR

à l'auteur de **CONTRE-FUSION! RÉFORME!**

PARIS

CHARLES DOUNIOL ET Cⁱᵉ, LIBRAIRES-ÉDITEURS

29, RUE DE TOURNON

1873

RÉVOLUTION ou LÉGITIMITÉ

RÉPONSE D'UN ÉLECTEUR

à *l'auteur de* CONTRE-FUSION! RÉFORME!

Il faut avouer, Monsieur, que j'ai la tête bien dure et le cœur effroyablement coriace, puisque j'ai pu lire votre interessante étude sur la Contre-fusion, sans comprendre un seul instant la splen leur de vos combinaisons et sans verser un pleur sur ce malheureux peuple français, menacé de perdre à tout jamais la douce perspective d'être gouverné par le chetif descendant du « sans-culotte » Bonaparte.

Je suis, il est vrai, un Parisien de Paris, particularité qui explique, jusqu'à un certain point, la difficulte qu'eprouve mon intelligence à digérer les produits politiques prépares par la vôtre, et qui, du même coup, donne à entendre la véritable cause du froid accueil que j'ai fait à vos alarmantes predictions sur le sombre avenir réservé au noble pays des Francs. Or, comme je préfère dire tout de suite ce que je pense plutôt que de laisser ceux à qui je m'adresse fatiguer leur imagination à le deviner, je vous confierai, en secret, si vous voulez, que je n'ai jamais beaucoup aimé l'Empire, ne l'ayant connu que de près.

Cette antipathie, presque nationale aujourd'hui, ne m'empêche en rien (bien au contraire) d'attacher un grand intérêt aux triomphes et aux culbutes du parti que vous croyez servir, — ses triomphes devant nous preparer des culbutes epouvantables, et ses culbutes étant nécessaires à notre triomphe et à notre grandeur future. — Je suis donc avec une vive curiosité le jeu des personnages qui viennent tour à tour s'agiter et faire la reverence devant nous, quand ils ne vont pas jusqu'a la cabriole. C'est ainsi qu'en Avril dernier, lors des élections de la Seine, vous m'apparûtes fierement drapé dans votre profession de foi tricolore, bonapartiste et révolutionnaire. A ce moment le suffrage universel pouvait vous répondre; il le fit en déposant dans les urnes un tout autre nom que le vôtre. C'était raide ! Aussi, cinq mois apres, vous vous vengez de cette erreur coupable en lui jetant à la tête votre profession de foi revue, corrigée et singulièrement augmentée.

Le 21, vous signez votre brochure ; le 26, un prince, un général connu du monde entier, livre à la publicité tapageuse du journal que vous connaissez la lettre qui devait lui assurer une place dans le cœur de tout bon patriote, entre Félix Pyat et Blanqui. Ce rapprochement de dates me fait rêver.

Au théâtre, qu'un acteur déclame son rôle en commençant par la fin ou qu'un malheureux comparse « emotionné » verse le vin d'Albe ou de Setia, représenté par du Coco, dans le casque d'un Caligula quelconque et dépose la coupe du festin sur son bouclier d'acier, les sifflets se croisent bientôt et la pluie traditionnelle de pommes crues ne tarde pas à commencer. En politique, ce n'est pas cela, Dieu merci ! Quand un homme public s'obstine à mettre la chandelle sous le boisseau, le chapeau du petit caporal sur les cheveux rouges de Marianne et son index dans l'œil du voisin, on le rejoint sur la scène, et là, ajoutant une variante au programme officiel, on s'explique avec courtoisie, mais à cœur ouvert, — à moins qu'on ne soit un compère. Ce genre d'exercice est parfois utile aux deux champions ; tres-souvent cela produit sur chacun d'eux le même effet qu'une copieuse friction d'alcool camphre sur un bras de bois ; mais la galerie — pour laquelle on travaille, au surplus — profite toujours de ces interruptions inattendues, dans lesquelles on la voit chercher avec une avidité chaque jour croissante, les vérités qu'on s'efforce de lui cacher dans les pièces composées à son intention.

C'est ce que nous allons faire. Electeur, j'ai dû écouter votre déclamation, electeur j'ai le droit, je dis même le devoir, d'y répondre.

Dieu ne m'a pas prêté la fameuse trompette empruntée par vous à Béranger ; du reste cet instrument de musique ne peut convenir à tout le monde. Je n'ai que mes lèvres, et au grand besoin mes deux mains pour faire acoustique. Cependant ce modeste appareil suffira, je pense, pour lutter avec le bruit éclatant du porte-voix dont vous vous êtes si gaillardement armé.

Mais nous mettrons de côté, n'est-ce pas, ces expressions qui veulent être fortes et ne sont que grossières : *lâches, drôles, canailles, voleurs, pourceaux*, et les points suspensifs plus.... expressifs encore. D'abord, cela n'est pas propre ; ensuite, cela devient monotone à force d'être répété. — Vous aviez lu *le Père Duchêne* ce soir-là ; c'est un tort. Il reste toujours quelque chose des lectures qu'on vient de faire dans ce qu'on écrit immédiatement après.

Et puis, en admettant que je l'acceptasse, je ne saurais soutenir longtemps une semblable polémique, n'ayant pas sous la main le vocabulaire dans lequel vous avez cru devoir puiser en cette occasion. J'espère que vous me comprendrez tout de même, ceci n'étant de votre part — j'en suis certain -- qu'une affectation pour faire croire à la populace que vous parlez comme elle. Reprenons donc votre langue maternelle, je veux dire la langue des gens bien elevés.

Depuis hier, votre livre est là, sur mon bureau, ouvert au hasard. Un éclat d'obus lui tient lieu de sinet. J'attache un certain prix à ce fer meurtrier. Il m'a été rapporté de Sedan, et a dû, par conséquent, ne pas assister aux derniers et héroïques efforts qu'aurait pu tenter Napoléon III pour mourir au milieu de ses troupes ou se frayer un passage vers l'intérieur de la France. Malheureusement le feuillet en vue est un de ceux sur lesquels vous vous êtes plu à faire cascader vos processions fantastiques de «jésuites,» «d'infâmes coquins, » de «chancres rongeurs,» d'«imbéciles,» de «républicains pourris » et d'«académiciens idiots.» Tout cela va, vient, monte, descend, glisse, tombe, s'entasse avec une rapidité suffocante. Je n'y comprends rien ; et vous ? Nul doute que vous nous dites-là toutes sortes de belles choses, mais qui nous les révèlera ?

D'un autre côté si, à de certains moments, par un coup de génie inconcevable, vous parvenez à grouper vos idées de façon à les rendre absolument incompréhensibles, vous savez parler avec clarté quand vous y tenez et quand vous avez quelque haute pensée politique à communiquer au peuple. Dans votre livre il est de ces pages que non-seulement on lit, mais encore que l'on doit apprendre. Ces passages suffisent pour en faire un ouvrage de bibliothèque ; bien

relié en veau ou en peau d'âne, il peut être placé à côté de la *Lan
terne* qui certes n'était point toujours aussi forte : on l'aurait sup-
primée au second numéro. Vous avez agi sagement en ne publiant
pas cette brochure sous l'Empire. Votre plume rappelle des souvenirs si chers à la dynastie que, pour sauvegarder votre modestie et
vous éviter des ovations journalières on ne peut mieux méritées,
la justice d'alors vous aurait fourré deux ans à Sainte-Pélagie. Et
pourtant c'eût été drôle de provoquer des scènes comme celle-ci :

A la 6ᵉ chambre :

L'accusé Rochefort, à peine assis, se relève et, se precipitant vers
le président, s'écrie, les bras tendus en avant : « Citoyen Delesvaux,
je suis républicain, vous êtes bonapartiste, nous sommes tous deux
fils de la Revolution (1), donc embrassons-nous et que cela finisse. »

Le président lui aurait envoyé, chose certaine, un vigoureux
revers de main, ce à quoi le pamphlétaire aurait à son tour benoi-
tement répondu par un formidable coup de poing sous la mâchoire,
— et moi, dans mon coin, j'aurais ri... j'aurais ri, à en tordre la
boucle de ma ceinture.

Ces réflexions plus que sérieuses me viennent à l'esprit en par-
courant votre livre, heureux inspirateur de l'association, singulière
au premier abord, du prince-général et des malins rédacteurs de
l'*Avenir*.

A ce propos, puisque nous avons encore quelques pages blanches
devant nous, laissez-moi vous dire un conte que nous appellerons
conte arabe afin de dépayser le lecteur :

Du temps d'Aroum-Em-Alla, il y avait à Bagdad deux médecins
empiriques, grands parleurs, qui, depuis plusieurs années, exer-
çaient leur profession, prodiguant leurs soins intelligents à ceux
qui n'en avaient pas besoin, enflant leurs sacoches aux depens des
naïfs; ils pouvaient, disaient-ils, ressusciter les morts, et faisaient,
croyait-on, mourir les vivants. Jamais pareille gloire n'avait brillée
sous le beau ciel de l'Asie !

Un jour, jour nefaste pour eux, l'un se dit : « Mon rival tue par
l'abus de la saignee, c'est bien, je le dirai partout, et d'ici peu, je
recueillerai les dix-neuf vingtièmes de ses malades. Puis il alla
prier à la mosquee. L'autre, de son côte, se disait : « Mon rival tue
par l'opium, c'est bon. Je le ferai savoir à qui voudra m'entendre,

(1) Voir *Contre-Fusion*, p. 8.

et je moissonnerai ses clients par caravannes. Dès le lendemain, nos deux coquins se mirent à l'œuvre, et ils firent tant et si bien qu'un mois après Bagdag était plongé dans le doute. A ce moment, quelques familles originales, effrayées des progrès de l'opium et de la saignée, résolurent d'aller trouver, hors de la ville, un homme, un sage qui, affirmait-on, guérissait par les simples, quoique docteur. Bientôt le doute, l'affreux doute se dissipa. On s'aperçut enfin que les deux empiriques avaient raison quand ils s'accusaient mutuellement d'homicides. On appela l'homme aux simples, et les clientèles du saigneur et de l'endormeur diminuèrent d'une telle manière qu'un soir, la sacoche de chacun d'eux se trouvant en danger, ils durent s'unir, démentant ce qu'ils avaient dit l'un de l'autre, affirmant que seuls ils pouvaient sauver Bagdad, promettant les saignées moins fortes et les doses d'opium plus faibles. Réussirent-ils à ranimer la confiance en leur faveur? Je ne sais ; toujours est-il qu'on peut les voir bras dessus bras dessous dans les rues de la ville ; inquiets, ils comptent les portes qui se ferment devant eux.

Dieu fasse que la clientèle leur échappe ! . . . .
. . . .
Je parierais volontiers une fausse pièce du premier Empire contre un véritable noyau de cerise, que vous connaissez Bagdad.

Ceci ne m'a pas considérablement éloigné de mon sujet. J'y reviens au triple galop, et me jette à corps perdu dans ce dédale inextricable de questions sociales, politiques, romanesques et surtout irréligieuses, éditees sous votre nom à la librairie générale.

On s'étonnera peut-être de voir l'obstination que je mets à déchiffrer cette apocalypse des temps modernes ; mais si l'on réfléchit que ces billevesées coupables, ces maximes énervantes et démoralisatrices, ce pathos révolutionnaire sont adressés au peuple dont je suis fils, on approuvera ma persistance.

Ah! si votre livre était seulement signé par le citoyen Gagne! je ne vous dirais plus rien : il est connu, lui!

Au fin fond de cet exposé confus de regrets et d'espérances, il y a une idée féconde. Cette idée mère, je la poursuivrai à travers le labyrinthe d'expressions abracadabrantes dans lequel vous l'avez perdue, et j'arriverai à la saisir et à la fixer. Un grand enseignement se voile sous toutes ces phrases à quadruple entente : je vais vous aider à le mettre au jour.

Pour plus de facilité, nous partagerons ma lettre en deux parties, je butinerai d'abord dans votre livre les pensées les plus importantes ; nous les discuterons et nous rirons encore un peu. Ensuite je parlerai raison. Dans cette nouvelle voie, vous me suivrez jusqu'au bout, je le sais ; et vous me comprendrez, je le sais encore. Quant aux gens de votre petite église, meneurs et menés, cette seconde partie de ma lettre n'est point ecrite pour eux.

Première fleur :

« ... *Au soleil du* XIXe *siècle :* LA FUSION EST ENFIN FAITE ! » (page 6).

Sancta cucufare ! que me dites-vous là ? Mais, s'il en est ainsi, tout peut s'expliquer. Je commence même à débrouiller quelque chose dans la situation. Quel effroyable coup de massue donné sur la nuque des ambitieux de bas étage ! Je connais bien des gens qui ne s'en relèveront pas. Voyons, voyons, la main sur la conscience, est-ce vrai ? La branche cadette des Bourbons, se souvenant des paroles prononcées par Louis Philippe à son lit de mort, aurait-elle fait sa soumission à son chef légitime ! Des hommes politiques, honnêtes, intelligents, des hommes aimant leur pays et reconnaissant que leurs divisions prolongées le mèneraient droit à sa ruine, ont-ils pu cesser un instant de se regarder comme des chiens de faïence, des magots en porcelaine de Chine ou de simples révolutionnaires en terre cuite !

Allons donc ! Ce n'est pas possible, ou alors nous n'avons plus le *soleil du* XIXe *siècle,* ce soleil auquel je tenais tant, moi. Quelque réactionnaire nous l'aura changé en nourrice, et je proteste.

Je conçois maintenant ce cri essentiellement patriotique, cri gonflé de bon sens échappé comme tant d'autres du bec de votre plume :

Vive l'Empereur, les Communes et la République ! » (page 7). Voilà qui est clair au moins !

C'est dit : je vous escorte sur la montagne d'où l'on découvre tant d'événements remarquables et où l'on conçoit d'aussi beaux discours. Parlez, oh ! parlez encore ! nous voici tout oreille. On dit que nous marchons vers une ère de paix et de liberté vraie ; sauvez-nous ! Par pitié, ramenez-nous soit aux barricades de Mai et à la licence éhontée, soit à l'Empire, — ce régime paternel, entrelardé d'emprunts, d'expéditions ruineuses en hommes et en argent, de cotillons, de blouses blanches et de casse-têtes, que ma concierge pleure encore quand elle n'a plus rien à faire, et qu'acclame toujours avec enthousiasme le vieux perroquet du second !

Cette prière, cette exclamation douloureuse n'est pas seulement poussée par votre admirateur très-humble : tous ceux que la nature a constitués de façon à pouvoir pousser quelque chose, l'ont poussée ou la pousseront bientôt. Il était donc urgent d'y répondre. Vous nous avez tendu la perche, mais, remarque indiscrète qui va sans doute vous renverser à angle aigu, ce bâton sauveteur me paraît creux. C'est tout au plus une sarbacane avec laquelle le prince Jérôme pourra lancer des pois secs au régime que n'a pu vaincre les boulets rouges de Gambetta.

Cependant je dois m'arrêter un peu sur ce système énergique de contre-fusion que vous présentez si plaisamment aux électeurs, et pour lequel d'autres publicistes prétendus sérieux, travaillent avec tant d'ardeur et de persévérance. C'est ici que nous allons moissonner les enseignements à la brassée.

On m'aurait dit que devant le flot toujours montant de la Monarchie Légitime, les républicains de toutes couleurs se sont unis pour y opposer une digue surmontable ; tout porte à croire que cette nouvelle n'aurait pas fait bouger un seul muscle de ma face. On eût ajouté que les différents groupes du parti bonapartiste ont rassemblé leurs dernières forces, dites morales, pour enrayer, de leur côté, cette puissance qui doit les précipiter dans l'oubli, que pas le moindre signe d'étonnement ne se serait fait lire dans mes traits. Mais quand on m'annonce, quand on m'affirme que bonapartistes et communards sont entrés en fusion, qu'ils unissent leurs faiblesses, leurs espérances et leurs moyens, tapent sur la même grosse caisse et soufflent dans le même trombone, vrai, cela ne m'étonne pas du tout.

« J'ai toujours cru, disait au commencement de l'année un des plus vaillants soutiens de la quatrième race (puisque « à race » vous tenez), j'ai toujours cru que si deux partis pouvaient s'entendre, c'était à coup sûr les royalistes et les impérialistes. » Il se trompait. L'oiseau de proie ne devait s'entendre un jour qu'avec le bonnet rouge, au grand scandale des rares impérialistes qui se croyaient conservateurs.

Ne pouvant introduire l'huile de lys dans la lampe de l'Empire, n'était-il pas juste qu'on l'alimentât de pétrole ?

Dire, par exemple, que cette union est sans arrière-pensée, qu'il y a complète abnégation de part et d'autre, et que, seul, le salut des institutions démocratiques, pardon, je me reprends, des institions socialistes est le but que l'on se propose d'atteindre, je n'en mettrais pas mes vieilles pantoufles au feu. Sortis du même tonneau et forcés par les événements de rentrer dans le même tonneau, c'est à qui n'occupera pas le fond. Chacun veut se ménager la faculté de crier au moment propice : « Petit bonhomme vit encore, » et si cela paraît difficile pour celui qui occupera le dessus, cela ne · peut sembler très-facile à celui qui aura le dessous. Voilà pourquoi vous vous donnez tant d'efforts pour maintenir le petit monsieur de là-bas (que vous appelez Napoléon IV, je ne sais trop pourquoi) à la surface du gâchis provoqué par la fusion des deux ingrédients révolutionnaires.

Vous êtes d'une habilete prodigieuse dans l'art ingrat de rapprocher les hommes Une douzaine de citations, prises çà et là, nous en donneront la preuve.

Écoutez, bonnes gens :

« Un grand exemple de discipline vient de nous être donné, *a nous révolutionnaires* : BONAPARTISTES ET RÉPUBLICAINS ! par cette famille que nos pères d'avant 89 appelaient la maison de France. »

. . . .

« Comprendrons-nous *maintenant* les uns et les autres, BONAPARTISTES ET REPUBLICAINS, TOUS FILS DE LA REVOLUTION, que notre devoir, à nous qui nous piquons d'être avant tout patriotes, est de suivre un exemple que nous aurions dû déjà donner depuis longtemps, n'etaient nos chefs imbeciles ??? ... » (page 7).

Voilà déjà qui commence bien : le debut est solide, la parente suffisamment etablie, la chute délicate.

« ... . *Lorsqu'un heros, le général Bonaparte,* la sauva (la Révolution, toujours) en la préservant d'elle-même, au 13 vendemiaire » (page 10).

« Quel sera aujourd'hui le chef qui se dévouera, comme en Vendémiaire ?... » (page 12).

Ce ne peut être qu'un Bonaparte, cela saute aux yeux, et puisqu'il s'agit de dévoûment, je ne vois présentement qu'un homme, qu'un héros sur qui nous puissions compter : le général Napoleon-Jérôme, commandant futur des futures armées de l'*Avenir*.

« Masses égarées, laissez donc là vos chefs idiots » (page 12).

Ce conseil est très-bon, à condition toutefois qu'on ne reprendra pas des chefs plus ineptes.

« Ce qui respire dans Napoléon Bonaparte, c'est l'amour de *la République* et de la patrie. La République et la patrie, il les a sauvées au 13 Vendémiaire, à son retour d'Egypte, au 18 Brumaire, comme il a essayé de les sauver des hontes de la Restauration et de Louis-Philippe au 21 mars 1815, comme Napoléon III les a sauvees au 2 Décembre » (page 21).

Pour le coup, je me rends sans conditions.

Il me semble entendre dans l'ombre de la nuit ce colloque effrayant :

D. Accusé, quel fut le mobile de votre crime ?

R. Mon president, si j'ai étranglé ma femme le lundi, c'était, ni plus ni moins, pour eviter qu'elle se suicidât le jeudi.

D. C'est bien. Le tribunal, repoussant les circonstances atténuantes, vous décerne une couronne civique.

O ! justice des hommes !

Continuons.

La restauration impériale nous donnera le spectacle rassurant d'un pouvoir fort, en quelque sorte *dictatorial* (page 44), seul moyen d'accomplir les réformes nécessaires à la decadence de notre pays. Napoléon IV de sa généreuse main nous ouvrira des horizons sans bornes ; il renversera tout, respectant le reste ; extirpera le *chancre rongeur* (page 24) qui siege à Rome, remaniera la religion du Christ, mariera le clergé et nous donnera un petit bon Dieu national bien gentil, pas gênant du tout, un Jéhova taillé à son image. Dans cette occurrence, « il devra prendre pour aumônier, Hyacinthe (tout court, page 18) ou tout autre prêtre marie » (page 62).

Oh ! oh ! tirer quelqu'un de l'oubli pour le rendre ridicule ; ce n'est pas genéreux. Après tout, vous ne l'avez peut-être pas fait exprès ?

Mais tout à coup, vous semez une grêle de points rouges sur cet horizon si riant et si pur. Vous dites que le petit jeune homme devra « reconquérir les frontières naturelles de la France : le Rhin, les Alpes et les Pyrénées. Son père a déjà repris celles des Alpes, il lui reste donc à reprendre celle du Rhin : *les bouches du Rhin et de l'Escaut !* » (page 62).

Accomplir un tel programme ce serait rompre insolemment avec les traditions de la dynastie Napoléonienne qui n'a jamais su que restreindre ces mêmes frontières au grand désavantage de nos populations, de notre honneur et de nos finances.

Nous aurions des alliées. — « Lesquelles? » — « L'Italie et l'Espagne. » — L'Italie liée par ses engagements avec la Prusse! l'Espagne enchaînée par la révolution! cette puissance qui vous est si chère, ce torrent que vous cherchez en vain à détourner de sa véritable direction pour l'utiliser à faire tourner votre petit moulin de *Cent-Soucis.* Oui, mais on interviendrait en Espagne pour rétablir Amédée sur le trône (page 62) dont il ne veut plus, et de là on se rejetterait à trois « pieds nus, sans pain, sourds aux lâches alarmes (page 73), » sur la Belgique et l'Allemagne. Ces nouvelles expéditions, tres-politiques et tres-faciles à conduire, nous coûteraient au plus de 200 à 300 000 hommes, accommodés de 6 à 7 milliards. Ce chiffre est si minime qu'il est vraiment puéril de penser a le discuter, d'autant plus que nous aurions dix chances sur neuf de perdre la Lorraine française et la Champagne.

Souvenons-nous de Bordeaux : l'Empire c'est… connu.

Et plus loin :

« … On est venu lui etaler (au peuple) une bassesse, une lâchete, une ignominie, une incapacité qui vraiment devraient bien nous avoir guéris de cette *honteuse lèpre* : LA REPUBLIQUE (page 84)….. »

« ….. Et cependant l'on voit encore des parlementaires, des doctrinaires et leurs valets, les chefs républicains de 1848… » — Voir à ce propos les proclamations, lettres et discours du prince-président Louis-Napoléon Bonaparte, — « et de 1870, etc. » (page 91).

La fusion mitonne.

« Unissons-nous donc pendant qu'il en est temps encore contre notre veritable ennemi qui s'avance ; joignons les ardeurs qui nous restent : « l'ardeur jacobine et l'ardeur bonapartiste, comme au

jour de vendémiaire. Sauvons LA RÉVOLUTION FRANÇAISE ET LA PA-
TRIE !!! »

. . . .

Mais qui sera le chef de la *revanche*?... Que vous importe donc
si c'est le fils de celui qui a su aller à Magenta et à Solfé-
rino !!..... » (page 108).

Sur ce, prenez mon ours !...

J'en passe et des meilleures.

.... Qui donc osera dire qu'après ces admirables déclarations il
était encore possible de ne pas fusionner ?...

Pour ceux qui, comme moi, ont pris le plaisir de ¡vous lire jusqu'au bout, cela peut se traduire ainsi :

« Républicains, vous êtes tous des idiots, des incapables, des
drôles; fusionnons! Venez à nous. Oubliez les mitraillades! oubliez
Cayenne et Lambessa! Oubliez les pontons et les casemates où le
parjure vous envoya pourrir! Ce sont des peccadilles auxquelles nous
ne pensons déjà plus. Notre Empire est de granit, votre République
d'étain : unissons-nous devant le foyer dissolvant de la Révolution,
quand nous en serons au rouge, depuis longtemps vous serez fon-
dus, et nous serons d'accord, l'Empire seul demeurant. Révolutionnaires de toutes nuances, vous avez besoin d'une main-forte
pour vous bâter, nommez Napoléon IV empereur, et la République
est définitivement sauvée !... »

A parler franc, c'est fort! Voilà de la politique nouvelle ou je ne
m'y connais pas. Où diable s'arrêtera le progrès? Ah! ce ne sont
pas les légitimistes qui auraient trouvé d'aussi nobles combinaisons.
Ils sont si bêtes! Oublier le passé pour réunir les membres épars
d'une même famille, quelle honte! Mais faire alliance avec les pé-
troleurs afin de sauver leur république révolutionnaire grosse
d'une couronne impériale, à la bonne heure! Voilà qui est digne!
Voilà qui est grand! seul le parti bonapartiste était capable d'accomplir un pareil acte, et seul aussi vous étiez capable de l'annoncer
au monde suffoqué de joie. Recevez-en, vous et vos amis, mes féli-
citations les plus sincères.

Donc la fusion faite, la contre-fusion fonctionne. Nul ne s'entend, peu importe : on contre-fusionne; n'est-ce pas le principal?
L'ennemi..... Ah! mais, j'y pense; où donc est l'ennemi? Son nom,
quelle bourgade, quelle chaumière l'ignore? C'est le Roi. Mais

l'homme, et surtout l'homme politique? Vous devez avoir d'excellentes raisons pour le combattre avec tant de rage.

Me voici bien embarrassé. J'ai feuilleté votre brochure, je l'ai regardée dans tous les sens, j'ai cherché sous la couverture, entre les lignes, partout, et je n'ai rien trouvé qui me montrât le Roi comme un être dangereux contre lequel il faut marcher. Sa politique? Vous n'en soufflez mot, sauf dans les questions religieuses où vous répétez deux ou trois niaiseries qui n'ont même pas le mérite d'être drôles. Vous ramassez d'une main timide quelques vieilles balivernes auxquelles on ne croit plus et vous pensez être méchant. Allons! je vois avec plaisir que le mensonge ne vous est pas encore très-familier; sans cela vous n'auriez certes pas laissé échapper cette phrase :

Rome voulait aider l'un ou l'autre, à condition d'une soumission complète. « Mais le roi des gentilshommes de France et du monde, et l'empereur de la Révolution, son chef, notre chef légitime à nous, les hommes, les simples créatures de Dieu, *sinon les gentilshommes des temps nouveaux*, NE VEULENT POINT ENTRER DANS CETTE COMÉDIE... » (page 26).

C'est maladroit. Il fallait laisser croire au peuple que le comte de Chambord était poussé par le Pape et avait fait sa soumission politique aux jésuites. Vous vous enferrez même en disant plus loin :

« La Rome des jésuites a fait ici un mauvais élève.... cet homme, que dis-je ? *Ce gentilhomme croit à l'honneur* et à son drapeau!..... *Quel élève et quelle honte pour Rome et pour les jésuites!!!..... »* (page 27).

Encore un vieux cliché que vous cassez! Pour Dieu, Monsieur, faites donc attention! Si vous ne voulez pas employer les trucs d'ordonnance, au moins ne les détériorez pas ainsi; il n'y en a déjà plus tant dans l'armoire! Vous avez la main malheureuse, et ceci vient du manque d'habitude. Demandez à vos confrères de la presse; tous les jours ils jonglent deux ou trois fois avec la Dîme, la Corvée, les Billets de confession, le Droit du Seigneur et autres épouvantails grotesques, sans les écraser entre leurs doigts. Il faut de grands soins pour manœuvrer ces machines-là; à force de servir, tous ces vieux décors de convention, ces spectres de carton qui, alors qu'ils étaient neufs, faisaient peur aux paysans, ont perdu leur éclat et leur solidité. Du reste, ces farces grossières n'ont déjà presque plus cours. Un moment même, voyant que le Droit du Seigneur n'effrayait plus les femmes, j'avais inventé le « Droit de la Châtelaine » à l'usage des électeurs. Le croirez-vous? je n'ai pas réussi. Découragé par ce premier échec, j'ai dû laisser le soin d'imaginer ces bêtises aux gens qui sont payés pour cela.

En général, les journaux qui soutiennent la lutte contre le prince Henri n'ont pas l'imagination très-fertile. Ils servent tous les jours à leurs clients le même plat, relevé par plus ou moins de gros sel, quand il y en a. Moi, si je faisais à mes lecteurs l honneur de les prendre pour de parfaits imbéciles, j'irais plus loin qu'eux, et secouant l'hydre de la réaction, je leur dirais en ce moment par exemple :

« On parle beaucoup du retour du Roi à Paris. Nous croyons pouvoir donner des renseignements précis sur cet événement déplorable. A son entrée dans la capitale, le Roi sera salué par les cloches de toutes les églises et les sonnettes de toutes les maisons. Une nombreuse députation des membres de l'extrême gauche vêtus à la Dagobert l'escortera en brûlant de l'encens sous les narines de son cheval et en chantant la mère Godichon. Toutes les troupes de France et de Navarre ont reçu l'ordre de se tenir sur le parcours du cortége pour forcer tous les passants à s'habiller, les hommes en Jésuites, et les femmes en Sœurs de la Miséricorde. »

C'est si bête que cela prendrait.

On pourrait même ajouter sans nuire à l'effet général :

« Pour cadeau de joyeux avénement, le Roi supprimera les chemins de fer, les télégraphes, le gaz et tout ce qui peut rappeler les progrès de l'esprit humain. Dès ce moment le soleil ne paraîtra plus que sept heures par jour et la lune sera diminuée de moitié. De plus, tout français étant forcé d'aller à la messe, le ministre de la Guerre sera chargé de répartir ses forces de manière à pouvoir mettre deux gendarmes en observation chez chacun des habitants, ce qui porterait l'effectif de ce corps d'élite à environ 60 millions d'hommes. Jugez des dépenses à venir ! 60 millions de gendarmes pour 30 millions d'habitants ! Voilà peuple, toi qu'on a surnommé le plus spirituel de la terre et que nous continuons à traiter comme le plus sot, voilà ce que tu es appelé à contempler avant huit jours, si tu ne nous aides à élever par n'importe quels moyens (tous sont bons dès qu'ils nous profitent à nous, révolutionnaires-bonapartistes) Napoléon IV et, puisque nous fusionnons, Adolphe I sur le pavois — quitte à renverser après, chacun de son côté, celui qui gênera l'autre : au bout de six semaines, il ne resterait donc plus sur le pavois en question qu'un velocipède première qualité et une paire de lunettes historiques. »

Un numéro contenant ces lignes absurdes se vendrait jusqu'à cinquante centimes dans les kiosques.

Henri de Bourbon n'a pas plus de reproches à se faire qu'à en recevoir d'autrui. Il peut, lui, lever sans crainte sa noble tête en face de l'Europe, le respect de toutes les puissances lui est acquis. Vous le savez comme les autres, mais contrairement aux autres, n'ayant rien a dire contre lui, vous vous résignez à garder le silence.

Triste position que la vôtre ! Acculés dans une impasse, il ne vous reste plus qu'à mentir pour donner un motif avouable à la résistance désespérée que vous croyez devoir opposer au retour du petit neveu d'Henri IV, ou bien avouer que votre haine ne s'échafaude que sur un étroit esprit de parti.

Ne voulant ni reculer d'une semelle, ni abuser des stupides argumentations de ces patriotes à deux sous la ligne qui, du bout de leur plume d'oie, remuent la société au bénéfice immediat de l'intervertissement des couches, vous en êtes réduit à dire, tout en faisant appel aux exécuteurs de la rue des Rosiers, que vous ne voulez pas du Roi, *parce que...*

L'enfant qui ne veut pas de pain confesse naïvement que : « C'est qu'il y a trop de farine dedans. » Mais vous ?... Oh ! vous vous gardez bien de dire : « Il nous déplaît de l'entendre appeler le juste ! » Vous repoussez le Roi *parce que.....* VOILA.

J'ai déjà vu un ivrogne refuser de quitter le ruisseau où les vapeurs du petit bleu l'avait plongé, pour la même raison : l'irréfutable *parce que.....* VOILA.

Soit ! demeurez ou vous êtes, bonapartistes et révolutionnaires de tous crins. Fusionnez plus que jamais, vous tomberez ensemble ; à moins que vous n'ayez plus à tomber... !

Les cabrioles du parti bonapartiste m'ont toujours fait rire ; le voici arrivé à la période des convulsions, et cela le rend caucasse. Il se roule aujourd'hui sur la pierre tombale de la Révolution, comme autrefois les fanatiques se roulaient à Saint-Médard sur celle du diacre Pâris. Où donc est le temps fabuleux où ce parti révolutionnaire s'affirmait gentilhomme et conservateur ?

Mais où sont les neiges d'antan !

Rien n'est amusant comme de passer en revue les masques tombés et de les rapprocher du visage qui s'en couvrait.

Si vous le permettez, je vais accoupler sous vos yeux quelques fragments d'un magnifique discours prononcé à la salle Herz alors que l'Impérialisme croyait s'être assuré un marche-pieds de satin blanc, et la lettre entière d'un Prince qui, lui, regarde comme une bonne fortune l'offre d'un marchepied d'argile ; mais si vous ne le permettez pas, je le ferai tout de même, convaincu que cette lecture vous égaiera :

« C'est la première fois, dans ce Paris gangrené par la fièvre démagogique et ensanglanté par l'émeute, que l'on voit une telle unanimité dans le désir *de se défendre contre la revolution* avec le bulletin de vote, comme, j'en suis sûr, on *nous verrait disposé à le faire avec le fusil si nous y étions contraints*

La presse a obéi à une généreuse idée en faisant appel aux conservateurs, et en les convoquant sur le terrain le plus propice, *sur le vrai terrain national : celui de la resistance a la révolution.* . . . . .

. . . .

Il y a d'abord les royalistes. Pour ceux-là, je ne dirai pas que j'ai de l'indulgence ; ils ne sauraient admettre cette expression qui rendrait mal ma pensée ; *c'est de l'admiration que j'éprouve* (Applaudissements) et je le dis Je dis plus : en 1792, à cette époque infâme, si j'avais vécu, on m'aurait trouvé dans les rangs de leurs Vendéens. . . . .

. . . .

Il faut que nous restions unis devant cette chose qui nous divise le moins, car elle nous dégoûte le plus : la République. . . . .

. . . .

J'ai toujours cru, moi, que si deux partis pouvaient s'entendre, c'était à coup sûr les royalistes et les impérialistes. . . . .

. . . .

De cette candidature (Barodet) j'ai peu de chose a dire. Cela représente un envoi gracieux de la canaille de Lyon à la canaille de Paris : un petit cadeau des assassins du commandant

« Messieurs ,

« La franchise, l'imprévu de votre démarche me forcent à une réponse brève : elle m'est dictée par les opinions *de toute ma vie.*

En face de la gravité, de la publicité de votre lettre, je ne dois pas garder le silence.

Le devoir de tout citoyen à l'heure grave ou nous sommes est de ne pas sortir de la cité en péril comme les neutres de l'antiquité. Non, je ne suis pas neutre, *et je ne deserterai pas la lutte.*

Je ne puis parler qu'en mon nom : mais comment croire que ceux dont les cœurs vibrent au nom de Napoleon me desapprouvent !!!

L'alliance de la démocratie populaire et des Napoleon a ete le but que j'ai poursuivi dans tous les actes de ma vie politique. Soutenons notre drapeau en face des menaces du drapeau blanc, étranger a notre France moderne, et que le prétendant ne saurait abandonner que par un compromis et un sacrifice fait aux habiles de son parti.—Que vaudrait d'ailleurs cette concession de la dernière heure ? *Le règne des Bourbons ne saurait être que le triomphe d'une politique réactionnaire, clericale et antipopulaire.* Le drapeau de la Révolution abrite seul, depuis près d'un siècle, le genie, la gloire et les douleurs de la France ; c'est lui qui doit nous guider vers un avenir vraiment démocratique.

Entre tous les defenseurs de la souveraineté du peuple, beaucoup different sur les moyens de l'appliquer, mais une entente commune, à l'heure

Arnaud aux assassins de la rue Haxo.

Cette séance sera un jalon posé, soit pour les élections générales, SOIT MÊME PEUT-ÊTRE POUR LE CHOIX DE LA FORME GOUVERNEMENTALE, CAR NOUS ACCEPTERIONS LE SALUT DU PAYS, MÊME AUX DEPENS DE NOTRE OPINION. »

PAUL GRANIER DE CASSAGNAC.

Avril 1873.

actuelle, sur le principe même de cette souveraineté, est nécessaire et patriotique. Nous tous, citoyens de la société moderne, nous devons chercher à établir, par le suffrage universel, la vraie liberté basée sur les réformes qui sont la condition du salut de la France.

Oui, il faut oublier les dissentiments, les attaques, les luttes, les souffrances réciproques, les insultes même, pour affirmer le principe de la souveraineté nationale, en dehors duquel il n'y a que dangers, discorde et nouveaux désastres. *Soyons unis pour déjouer des tentatives funestes, et formons ainsi la* SAINTE-ALLIANCE DES PATRIOTES ! »

« NAPOLÉON (Jérôme).

« Paris, 26 septembre 1873. »

L'alliance avec les légitimistes ayant échoué, l'alliance avec les communards devait réussir. (Je dis « communards, » les véritables républicains ne pouvant se prêter à d'aussi basses intrigues.)

Alea jacta est.

La redingote grise et le petit chapeau légendaires sont définitivement accrochés au même clou que le drapeau rouge; catastrophe dont je suis capable de me consoler un jour.

Les citoyens Portalis et Napoléon (Jérôme) se sont donné en public l'accolade révolutionnaire.

Chacun, dans cette occasion, représentant son parti, je serais curieux de savoir auquel il a le moins coûté de tendre la main à l'autre.

Les quelques hommes qui prennent encore l'Empire au sérieux, gémissent de le voir tombé là où il est, et réclamer en plein jour la place qui lui est due parmi les agents révolutionnaires. Ils crient à votre « parti » que vous salissez le nom du grand empereur, et vous renient... presque. Ils veulent entretenir le prestige factice du petit Monsieur de là-bas, tout en recueillant le fruit de votre plongeon ;

ce n'est pas maladroit ! Malheureusement, il est trop tard de plusieurs mois pour nous rappeler la politique conservatrice de l'Empire. Vous avez étourdiment démasque son côté prosaïque, sa vraie face : l'Empire, fils naturel de la Révolution et père des Révolutions... Nous saurons nous en souvenir.

Imprudents ! ne pouviez-vous demeurer bouche close ? Votre espièglerie impardonnable met à nu les sourdes menées du clan bonapartiste, et nous fait toucher du doigt les ficelles destinées à relever le prestige de la « quatrième race. » Pourquoi dévoiler avec tant de fracas le besoin dans lequel se trouvent les partisans de l'Empire de fusionner avec « la canaille de Paris » et les « assassins de la rue Haxo, » sous peine de succomber devant l'Union monarchique ? Ces sortes d'alliances se font en sous main, mais ne s'avouent pas. Vous devriez bien le savoir !

Méditez ceci :

Quand on tend la main vers une barre de fer rouge pour s'y accrocher, c'est qu'on est bien en danger ; quand on s'y attache, on l'est davantage.

Le groupe que vous menez joue, dans votre parti, le rôle d'enfant terrible. Voilà pourquoi les Impérialistes malins ne vous pardonnent pas, et voila aussi pourquoi je vous porte aux nues.

A la longue, tout s'explique.

Le Pays, de je ne sais quel jour, disait encore à ce sujet :

« Non, non, *notre Révolution* à nous, *les Conservateurs*, ce n'est pas la même Révolution que celle de Gambetta, de Ranc et de Portalis..... »

Sublime !

Cette Revolution bonapartiste n'est pas la vôtre non plus, qui cependant n'est pas celle de Gambetta, qui, elle-même, n'est pas celle de Thiers ; qui n'est pas davantage celle de Blanqui, pas plus que celle de..... Voyons ! combien a-t-on d'espèces de Revolutions à nous offrir ? Je connaissais la maman, mais je ne la savais pas si féconde. Il faut aussi reconnaître qu'elle a été exploitée par tant d'intrigants ! ! !...

Fusionnez donc un peu entre Bonapartistes avant que de vous unir avec les Republicains qui auraient tant besoin de fusionner entre eux.

Mais ce n'est pas tout. Non content de faire tirer les marrons du feu par les radicaux pour les donner ensuite à grignoter au fils de Napoléon III, vous parlez encore de nous faire voter en faveur de la dynastie napoléonienne ! Ah çà, les hommes qui nous ont perdus auraient-ils donc la prétention sérieuse de se faire rappeler par nous !... Ce serait à se mettre avaleur de sabres sur les places publiques, en attendant un portefeuille ou une ambassade.

« L'Assemblée nationale clôt l'incident, et, dans les circonstances douloureuses que traverse la patrie, et en face de protestations et de réserves inattendues, confirme la déchéance de Napoléon III et de sa dynastie, déjà prononcée par le suffrage universel, *et le déclare responsable de la ruine et du démembrement de la France.* »

Je vous rappelle ce petit ordre du jour, voté à l'unanimité par les représentants du pays, pour accentuer ce que vous avancez un peu trop timidement à la page 66 de votre livre.

J'ajoute, et ceci dans la seule intention de vous être agréable, que l'on put compter ce jour-là jusqu'à quatre protestations contre cette juste exécution de la dynastie qui nous avait jetés en pâture à la gloutonnerie germanique.

Vox populi, vox Dei.

Rappelez-vous ce vieil adage, et ne tentez pas le peuple : ce serait tenter Dieu.

Et pourtant vous persistez à battre la caisse en faveur du héros de Saarbruck ; du haut de vos tréteaux littéraires, on vous voit la réclame en main, hélant sans cesse les badauds et promettant merveilles. Laissez-moi vous consacrer encore quelques minutes d'attention.

J'écarterai les broussailles de vos plaisantes combinaisons religieuses (30 pages sur 108 !) Laissant de côté la page (54) pleine d'*humour*, où vous nous apprenez que Bayard aurait été fier de recevoir des mains de Napoléon la croix d'honneur (et la médaille de Sainte-Hélène, aurais je ajoute), et où vous affirmez avec un sérieux imperturbable que, traversant la crise actuelle, il eût fusionné ; me gardant egalement de relever les insultes que vous distribuez à tout ce qui n'est pas vous, y compris l'Académie française ; — sur ce dernier point, je vous comprends et quiconque vous lira vous comprendra tout comme moi ; — je vous rejoins donc au pied du **trône**, entre Napoléon III, qui représente le passé, et Napoléon IV, qui ne représente pas l'avenir.

C'est Lui qu'il nous faut, dites-vous ; Lui seul est intelligent, Lui seul est digne ! d'ailleurs, il est le fils de son papa. Ceci dit, il ne restait plus qu'à tirer le rideau. Mais tout à coup, vous vous grattez l'occiput. Qu'y a-t-il donc ? Un mot bourdonne à vos oreilles ; ce vilain mot, il faut à tout prix l'arracher de la mémoire du peuple : c'est là que gît la difficulté. Il vous souvient d'avoir entendu la voix formidable de ce peuple cracher à la face du Napoléon sur lequel vous étayez le prestige du petit jeune homme de là-bas, cette épithète sanglante que vous accrochez au front de tous ceux qui ne pensent pas comme vous, et ce souvenir effroyable vous pèse horriblement sur l'estomac. Comment pousser celui dont le seul mérite, après tout, n'est que de pouvoir se dire en public le fils de son papa, comment le ramener au milieu d'un peuple qui, devant l'image de ce père, murmure encore entre ses dents serrées par la colère cette flétrissante condamnation : Lâche ! lâche ! (page 73). Il n'y a qu'un moyen : laver le père, et le fils deviendra présentable. Alors vous vous écriez : « Le lâche de Sedan n'est-il pas mort avant tous ces chefs héroïques du siége de Paris qui avaient fait le serment de mourir tous jusqu'au dernier ! (page 69). »

Ce cri est du dernier sublime. Vaincu, je m'incline, je me prosterne, je me roule devant cet homme désormais immortel qui, s'il n'a pas su défendre son honneur sur un champ de bataille, a eu le rare courage d'avoir la pierre et d'en mourir....

« Et vous voudriez que ce jugement ne fît pas bondir la moindre âme qui aurait gardé quelque notion de juste et de vrai ? » reprenez-vous avec véhémence. Nous répondrons en chœur : « Ce n'est pas possible ! » Moi-même, chaque fois que je l'entends, je frémis. Vous devez vous être plus d'une fois cogné la tête dans vos bonds périlleux, car cette infamie se répète encore assez souvent. De plus, je m'afflige sur le terrible sort ménagé aux générations de l'avenir, qui seront, n'en doutez pas, impitoyablement condamnées à une éternelle danse de Saint-Guy, ce jugement sévère étant et devant rester celui de l'histoire.

Ces raisonnements sont ecrasants pour quiconque les reçoit en pleine poitrine, mais ils ne valent pas, tous réunis, l'énergique tirade que je cueille à la page 5 de votre laborieux travail : « .... L'Empire est tombé comme il devait tomber, lui, sur un champ de bataille et à la frontière, où il venait encore d'être vaincu ! » Il est tombé « sur un lit de mitraille ! » Enfin, nous voguons à pleines voiles dans les regions poétiques du grandiose. Cette chute est noble et depasse de cent coudées tout ce qu'on a pu dire jusqu'à présent pour glorifier Sedan. Ce « lit de mitraille » est un mot heureux ; il équivaut à un duo de grosses caisses. Les badauds ont besoin qu'on leur distribue de temps à autre des phrases de ce calibre ; on n'attrape pas plus les masses avec de la raison que les mouches avec du vinaigre. Il leur faut du clinquant, des mots creux et sonores, des cascades d'expressions colorées, fleuries, étincelantes, des discours de plusieurs heures pour ne rien dire, et des phrases comme la vôtre pour leur faire avaler des crimes comme la folie du Rhin. Jeter de la poudre aux yeux : tel est le dernier mot de la science gouvernementale moderne. Feu l'Empereur l'avait bien compris. Du jour où ses discours ne produisirent plus aucun effet, la guerre fut décidée. Il fallait l'enivrement de la victoire à ce peuple raisonneur qui se permettait de voir clair dans la politique tortueuse et les finances embrouillées de l'Empire, et concevait déjà ce grand sentiment du « mépris » sous lequel devait s'écrouler en quelques heures cette monarchie d'occasion. Pour l'Empire, la guerre c'était la liquidation ; il simplifiait ses comptes en brûlant ses livres avec de la poudre, ce qui devait permettre de présenter au peuple le total des dépenses étouffé sous un monceau de « lauriers, » et du même coup établir le petit jeune homme derrière le comptoir paternel. La banqueroute frauduleuse ainsi evitée, les naïfs actionnaires de l'Empire donnaient de nouveau dans le panneau, et tout allait pour le mieux dans le pire des gouvernements possibles. Mais, — il y a toujours un mais dans ces sortes de romans, — mais on avait compté sans nos désastres. Maintenant que nous sommes tombés sous le pied du colosse allemand, vous venez couvrir notre sang des fleurs de votre rhétorique ! Vous faites bien. Tout le monde ne pensera pas à vous dire que ce fameux lit de mitraille, sur lequel vous deposez l'Empire, n'a réellement servi de couche qu'aux debris informes de nos malheureuses légions, qu'il n'a jamais supporté que les cadavres convulsionnes de nos enfants, ces ouvriers de l'avenir, generation ivre d'espérance, brusquement sacrifiec au caprice d'un homme qui, lui, pour mendier quelques jours d'existence au bourreau de notre patrie, traversait, insouciant ce funèbre champ de bataille où les roues de sa calèche froissaient à chaque instant des chairs déchiquetées, pantelantes, et s'embourbait dans un limon sanglant, où les pieds de ses chevaux se heurtaient aux corps inertes de nos soldats. Oui, vous avez raison; l'Empire est tombé comme il devait tomber.... dans le sang français.

Mais qui donc penserait à vous répondre cela puisque moi-même je n'y pense pas ?

Donc, c'est chose convenue : Napoléon Ier fut un dieu dont l'ombre engendra un héros, trop connu des simples mortels sous le nom de Napoléon III, qui engendra lui-même Napoléon IV, qui... sait lire tout seul et écrire sans faire des fautes d'orthographe.

En parlant de capacité, prouvez-moi donc la supériorité intellectuelle du dernier des Bonapartes sur le descendant des Bourbons, et je m'engage, au cas où vous réussiriez à exécuter ce petit tour de force, à faire le pèlerinage de Paris à Rueil, sur les genoux, le bonnet rouge en tête, un aigle empaillé entre les bras, et, tout le long du chemin, l'énervante chanson de la reine Hortense sur les lèvres.

Il me vient une idée que je vous soumets, sans pour cela vous conseiller de la mettre à exécution. Si, au lieu de livres et d'articles fulminants dans les journaux sur la contre-fusion, on présentait au public un drame révolutionnaire à grand spectacle avec trucs, complots, machines et décors nouveaux ? Ce chef-d'œuvre pourrait se jouer sur les boulevards et obtenir un succès fou. Quelle fièvre dans Paris quand on lirait sur les murailles cette affiche en lettres rouges sur fond noir !

PORTE SAINT-MARTIN

—

CONTRE-FUSION

ou les nouveaux Freres ennemis

Drame en 5 actes et 8 tableaux

Débuts de M. X..., 4e du nom

etc.

Les billets seraient primés dans les cabarets, et les ex-habitants de la rue de Jérusalem se battraient pour entrer dans la légion romaine.

Un ami qui, par dessus mon épaule, suit du regard les mouvements de ma plume, me donne à entendre que cela fournirait à peine matière à une comédie bouffonne, et qu'il y aurait même à craindre que cette farce incolore fût refusée au Palais-Royal, comme n'étant qu'un mauvais plagiat d'une autre pièce déjà jouée en 1850.

Peut-être mieux vaudrait se rabattre sur Guignol où, après nous avoir montré des socialistes devenus sénateurs, on nous ferait assister à la gavotte effrénée dansée par ces derniers avec des tricoteuses.

Drame ou Vaudeville, Guignol ou l'Odéon, articles ou brochures, quoi que vous appliquiez sur l'abdomen de l'Empire, vous ne réveillerez pas ce cadavre. L'Empire est mort, broyé sur ce trop fameux *lit de mitraille.* C'est un grand corps déjà glacé que vous pourrez faire mouvoir à l'aide de forts courants électriques habilement dirigés, mais dont le cœur ne battra plus. Il ne vous reste en réalité, pour clore dignement la série d'échecs essuyés par ce maigre parti, jadis si redoutable, qu'à emprunter à votre nouveau collègue la pelle qu'il inventa pour servir à l'inhumation civile de l'Assemblée nationale. Ceux qui enfouirent les victimes de Décembre vous apprendront à creuser une fosse.

Vous n'entendez pas ce langage, et je n'en suis nullement surpris; croyez-le. Pour combattre la monarchie des Bourbons, vous faites appel aux républicains qui se rient de vous avec raison; mais votre descente dans les bas-fonds révolutionnaires vous assure une armée dont vous croyez pouvoir abuser un jour, et qui en réalité vous écrasera. Libre à vous d'organiser une contre-fusion sans drapeau, amalgame inqualifiable de révolutionnaires anti-monarchistes et anti-républicains. Vous troublez l'eau autour de nous dans l'intention de préparer la place à un pêcheur inhabile! Prenez garde qu'il ne tombe et ne se noie dans cette eau bourbeuse!

Mais ceux aux oreilles de qui vous faites retentir si desagréablement les éclats de votre trompette ne donneront pas dans cette alliance monstrueuse. Ils savent que contre-fusion signifie confusion et gâchis. Vous aurez beau vous débattre, faire défiler sous leurs yeux la redingote brossée à neuf et le petit chapeau retapé, le soleil d'Austerlitz et les lauriers de Magenta, le tombeau de Sainte-Hélène et le sabre vierge de Napoléon III : ils ne se prosterneront plus aux pieds de votre fétiche. Voici pourquoi.

Avant d'entreprendre cette seconde partie de ma réponse, je tiens à vous exposer un fait assez original qui ne pourrait y trouver place. J'avais un voisin de campagne atteint de bonapartisme intermittent, la lecture de *Contre-fusion, Reforme,* l'a radicalement guéri. Il a pu reconnaître enfin que ceux qui acceptaient l'Empire comme un pis-aller conservateur se trompaient, et constater qu'en face de la vieille monarchie française ne se dresse plus qu'une seule puissance : l'anarchie dans la Révolution.

Maintenant jetons au panier la marotte et les grelots. Raisonnons, car les électeurs nous écoutent.

La République agonise. Qui l'a tuée ? La Révolution.

L'idée révolutionnaire n'est pas un principe, mais une passion. On naît révolutionnaire comme on naît luxurieux, avare, gourmand. Un individu travaillé par cette fièvre ardente est un être destiné à la lutte sans trêve : c'est un mécontent quand même. Sous une monarchie il demandera la République ; sous une République il exigera l'autre, affirmant qu'elle est son idéal, son unique but ; si on la lui octroye, il se plaindra de la façon dont elle est menée, et réclamera autre chose, à moins qu'on ne le mette à la place de ceux qu'il combat — seul moyen de lui imposer silence, tout révolutionnaire étant le plus souvent doublé d'un ambitieux. Il est d'ailleurs aussi funeste à la République qu'à la Monarchie. S'il arrive à se saisir du pouvoir, forcé de s'y maintenir par l'adresse, il arbore une politique d'astuce, de bassesse et de violence, s'appuyant tantôt sur les passions populaires et tantôt sur les lois qui les répriment avec le plus de vigueur ; puis, lorsque ses coreligionnaires, lassés d'obéir à un des leurs, veulent parvenir à leur tour en le renversant, on le voit devenir intraitable, s'armer du despotisme et demander aux institutions qu'il voulait abolir l'appui nécessaire à sa sécurité. Alors le libre penseur Jules Simon se fait le soutien du clergé ; M. Thiers couvre sa poitrine de décorations, ne souffre aucune contradiction, et prend contre ses amis d'hier les mesures les plus draconiennes. Enfin l'heure sonne où ce qui sortit de la tourmente retourne à la tourmente, et le cahos recommence.

En France, la République est le marchepied des ambitieux, le premier échelon du despotisme, le vestibule ordinaire de l'Empire. Au lieu de la servir on s'en sert. Napoléon Ier fut sans-culotte, et Napoléon III républicain. Combien d'hommes politiques les imitèrent et voudraient bien les imiter encore! De nos jours beaucoup d'entre eux nous parlent de la République; qui donc serait capable de nous la donner?

Certains esprits honnêtes se plaisaient à croire qu'un gouvernement républicain mettrait tous ses soins à réveiller en nous les vertus républicaines et nous mènerait ainsi aux grandeurs de la République. Ils pensaient que les chefs de ce parti, dès qu'ils seraient armés du pouvoir, s'empresseraient de mettre en pratique les théories pures et grandioses dont ils berçaient journellement l'imagination brûlante du peuple. Erreur! C'était chose faisable, peut-être, pour des républicains, mais des révolutionnaires devaient échouer honteusement dans l'entreprise de cette œuvre immense. Ils ont l'esprit trop etroit et le cœur trop petit. Rien n'est sorti de leur intelligence: la conception, ils l'ont empruntée aux siècles passés, et jusqu'à présent les moyens d'exécuter leur ont échappé. L'antiquité s'offrait en exemple, ils n'ont même pas su copier. Assez d'essais infructueux! La République sous un Lycurgue ou sous un Washington nous relèverait; conduite par les escamoteurs qui se la disputent, elle nous mènerait avec une rapidite terrifiante à l'anarchie la plus épouvantable.

Tout gouvernement, quelle que soit sa forme, est condamné à succomber s'il ne compte à sa tête des hommes profondément honnêtes. Tant que la République de 70 parut vouloir suivre le chemin de l'honneur, on put croire à son avenir et, au besoin, lui prêter main-forte. Maintenant qu'elle s'est prostituée au génie de la Révolution, maintenant qu'elle a tendu la main au radicalisme et pactisé avec le désordre, nous devons la laisser tomber.

D'un autre côté, nous voyons la monarchie s'affermir par un acte d'autant plus important qu'il était inespéré. Il y a quelques mois à peine l'opinion publique en France se partageait, assez inégalement, du reste, sur cinq grands partis. Nous comptions alors les monarchies des Bourbons (branche aînée et branche cadette), celle des Napoléons, la République et la Révolution. L'irrésolution était telle dans les esprits qu'un homme audacieux put jeter en pleine Assemblée nationale un impertinent défi à la monarchie, en la sommant de se constituer *si elle le pouvait*, sans qu'on osât répondre à ce petit bourgeois comme il le méritait. Depuis, le gant a été relevé, et le provocateur se récrie... Aimable farceur!

A ce moment quelques personnes purent en desespoir de cause se rallier de bonne foi à la République dite conservatrice.

Cette incroyable désunion dans le parti de l'ordre laissait les coudées franches à la Revolution. Elle fit son plan, organisa ses armées et se mit en campagne. Mais, comme toujours, elle voulut trop, et la République vacilla sur ses fragiles bases.

Cependant les républicains pouvaient sans crainte poser encore ce dilemme au pays : Republique ou Monarchie. L'embarras de la reponse faisait leur force. Quand on se prononçait pour la monarchie, ils demandaient : « Laquelle ? » et chacun rentrait dans le silence. C'était une minorite aux prises avec d'autres minorités qu'elle pouvait combattre séparément, et qui, unies, l'auraient foudroyée au premier choc. La position devenait insoutenable. Ce fut encore la Revolution qui jeta l'etincelle. Puissante, elle ne se contenta plus du radicalisme; il lui fallut la démagogie. Gambetta, vieilli sous le harnais, lui paraissait déjà trop pâle; elle porta au pouvoir MM. Ranc et Barodet, et prépara ses batteries pour sa prochaine lutte contre la République modérée que semblait avoir abandonnée son chef.

Devant ce péril imminent les partisans de la Monarchie se rapprochèrent et s'unirent. Les quelques malentendus qui les séparaient furent bientôt dissipés, et, la main dans la main, ils opposèrent à temps une digue au fléau.

Il n'y a donc plus qu'une monarchie en face de la Révolution : la monarchie nationale, celle qui fit la France avec nos pères et qui doit la refaire avec nous. Là est maintenant la force morale, la majorité réelle du pays.

Cet événement change du tout au tout la question. La République soutenue par la révolution est dévorée par elle, la monarchie de juillet s'est fondue dans la légitimite: il n'y a plus en présence, comme vous le dites fort bien, que la Légitimite et la Revolution : ou nous relever avec l'une, ou rouler dans le gouffre avec l'autre. Or c'est au fond de ce gouffre que vous postez l'Empire. Vous vous alliez aux anarchistes pour nous pousser sur la pente fatale : à nous deux !

Je vous dis : N'espérez rien de cette alliance. Si, groupés en un seul faisceau, vous triomphez de la monarchie constitutionnelle d'Henri V, dès le lendemain, vous retombez dans l'anarchie. A trois vous aurez repoussé le salut, vous serez trois à vous disputer le prix de la victoire. Alors apparaîtront de nouveau ces coups de force qui ensanglantèrent les pages de notre histoire ! Alors l'émeute grondera dans nos faubourgs, les larmes couleront de tous les yeux et des cris de désespoir se feront entendre dans toutes les villes ! alors la France déjà épuisée roulera pour toujours dans le sang de ses fils ! Voilà où vous nous conduisez.

Vous faites appel au peuple ; vous vous adressez au suffrage universel et lui dites: «Lève-toi ! Bourbon s'avance, oppose-lui Napoléon.» Nous allons jeter un rapide coup d'œil sur ces deux familles, si vous le voulez bien, et en finir une fois pour toutes avec cette race maudite que des étourdis ou des gens malveillants s'efforcent de traîner en travers de notre route dès que nous voulons marcher vers l'avenir.

Qu'a donc fait pour notre patrie ce Corse audacieux qui, après avoir étranglé la Révolution dont il était fils, n'hésita pas à ramasser la couronne ensanglantée de Louis XVI au pied de l'échafaud ? Quelles libertés vous a-t-il octroyées ? En a-t-il seulement respecté quelques-unes ? Non : d'un coup d'éperon, il déchira les cahiers de 89, et fit peser ensuite sur la France domptée l'absolutisme le plus écrasant. Que nous a-t-il laissé en echange des cinq millions de Français qu'il dépensa pour satisfaire sa passion sanguinaire ? Rien, absolument rien. Qu'a-t-il fait de cette France glorieuse de son passé, que la République lui avait livrée agrandie, pleine de séve, surexcitée par de brillantes illusions ? Il l'a précipitée dans une série d'aventures effroyables qui devaient lui forger un grand nom, à lui Napoléon, et préparer à notre infortunée patrie une interminable suite de cruels revers.

Devore par une ambition qui n'avait d'égale que son irascible orgueil, cet homme devait concevoir le projet sinistre, monstrueux d'échafauder sa renommée sur les ruines de l'Europe ; il le fit. Les armées de la Liberté devinrent l'instrument docile de sa volonté tyrannique. Il les entraîna sur l'Europe, qu'il sillonna dans tous les sens, broyant les populations, pillant et brûlant les villes, massacrant des generations entières. On eût dit qu'il désesperait de trouver assez de sang dans les veines de la vieille Europe pour empourprer son impérial manteau. Partout, à cette époque, on a vu le soldat français et on l'a tué. Les luxuriantes vallées de l'Espagne, les steppes glacés de la froide Russie, les plaines et les forêts de l'Allemagne sont encombrés encore de nos ossements mêlés aux ossements de nos victimes. Ce grand égorgeur de peuples a suscité la haine du monde entier contre ceux dont il sacrifiait si facilement la vie. Il a donné à l'Europe le désir, la soif, le besoin de nous écraser et la faculté de nous amoindrir. Les chocs terribles sous lesquels nous plions ne sont que les suites inévitables de ses inconcevables folies. Bonaparte a joue la France contre un nom, et il a gagné la partie; voilà son principal mérite. Aujourd'hui nous payons encore les frais du jeu; cela, vous le savez, nous a coûté et nous coûte fort cher.

Ce n'est pas tout.

A l'intérieur, que voyons-nous? Le despotisme poussé à ses dernières limites. Quiconque gêne, meurt; quiconque murmure, disparaît. Napoléon traite la France en pays conquis; il escompte son dernier homme et son dernier écu. Pour grossir les rangs de son armee et, plus tard, pour remplacer les vides affreux qu'y creusent la mitraille, les maladies, les fatigues et les privations de toutes sortes, il organise la chasse à l'homme. Malheur à qui veut se soustraire à la boucherie! Le grand pourvoyeur de la mort, inaugurant cette tactique effroyable qui consiste à ne se battre qu'à coups d'hommes, ne sait pas compter les cadavres. Quand « la chair à canon » manque, il étend sa main sur le pays, et une nouvelle armée entre dans la fournaise. Pour entretenir ces meurtriers-martyrs, il faut de l'or; on le prend à ceux qui, infirmes, ne peuvent donner leur sang. On écrase le peuple d'impôts; on le trompe, on le joue, on l'affaiblit, on le ruine!...

Et ce régime infernal dure jusqu'à ce que, battues, écrasées, perdues, réduites au cinq-centième de leur effectif, nos malheureuses armées retombent sur le sein meurtri de leur mère, où l'ennemi, rendu furieux par la souffrance, les poursuit et s'acharne après elles. L'Europe terrifiée se releve et se jette à son tour sur ce peuple infortuné qui n'ose refuser d'entreprendre et parvient à réaliser les projets insensés de l'homme de proie. Et deux fois, par la seule faute de ce Napoléon, nous roulons broyes sous le talon de l'étranger!.....

Encore un mot:

Non-seulement Bonaparte ne sut rien conserver de ses fabuleuses conquêtes, mais il perdit les frontières de la République et livra en partie celles de Louis XV; la Bavière prit Landau, la Prusse conserva Sarrelouis. De l'abîme où cet homme précipita nos pères, leur fortune et leurs espérances, il ne remonta qu'un peu de bruit, une ombre, un nom.

Voilà pour l'oncle.

Passons maintenant à celui que nous avons appelé le neveu de cet homme.

La tâche devient aride. Napoléon Ier était un type ; ses audaces pouvaient éblouir et ses crimes terrifier. Il avait des côtés saillants qui forçaient l'attention ; l'ampleur de ses odieuses conceptions révélait un génie immense mais funeste. Ne pouvant être un grand monarque, il sut être au moins un grand tueur d'hommes. Ces figures historiques sont aisées à crayonner. Plus les traits sont durs, plus facilement on les retrace.

Napoléon III n'offre aucun de ces avantages. Ambitieux vulgaire, mal secondé par une intelligence médiocre et un courage plus que douteux, il ne parvint jamais à sortir du mesquin. C'était l'ombre du prisonnier de Sainte-Hélène, que dis-je ? c'était le souvenir de cette ombre. Revêtu de la peau du lion, cet inhabile put se croire lion lui-même jusqu'au moment où, voulant rugir à son tour, il dut reconnaître et avouer que sa voix grêle ne produisait pas en Europe l'effet attendu. L'aigle avait fait place au hibou.

L'oncle commençait son épopée par des victoires, le neveu débutait par des échauffourées. Strasbourg le voit rendre pour la première fois ses armes ; Boulogne assiste à son premier assassinat. Pris, jugé, condamné, il s'évade et se cache pour apparaître encore au jour de la tourmente. C'est alors que commence véritablement son rôle. Napoléon Ier fut tragédien, le maçon de Ham jouera la comédie ; le neveu du sans-culotte sera républicain, le descendant présumé du premier consul se fera nommer président ; le pâle imitateur du général Bonaparte dirigera du fond de son cabinet le nocturne attentat du 2 décembre. Napoléon Bonaparte fut la révolution à cheval ; Louis-Napoléon sera le conspirateur en chambre. Il y avait du singe dans le caractère de cet aventurier.

Pour vivre, l'Empire a besoin de sang comme la fleur a besoin d'eau. Paris mitraille, la province écrasée, les représentants du peuple jetés aux prisons, les pontons remplis d'ouvriers arrachés à leurs travaux, 30,000 individus envoyés à Cayenne, tel fut le baptême de la restauration impériale !

A peine hissé au pouvoir, le fils de la reine Hortense s'aperçoit que les compromis, le mensonge et la ruse ne pourront l'y maintenir éternellement Ce n'est pas lui, personnage sans énergie, sans valeur et sans prestige, qui fut acclamé le 10 décembre, c'est la légende

napoleonienne. Il le comprend et il tremble qu'on ne découvre
bientôt en lui qu'un diminutif très-affaibli du petit Caporal. Comme
noblesse, le nom oblige ; or le nom qu'il porte est synonyme de
Guerre. Aussi, après avoir solennellement affirmé que l'Empire
serait la paix, il ouvre de nouveau l'abattoir, et les hécatombes
gigantesques recommencent. En Crimée, en Italie, en Chine, en
Cochinchine, au Japon, partout le sang français coule à flots. Les
haines assoupies se ravivent. L'Europe se rappelle ce qu'elle a souf-
fert et n'entend plus rien endurer. En même temps que l'ère du
crime, l'ère des emprunts commence ; l'homme est un animal qui
coûte si cher à tuer ! Nous allons au Mexique pour en revenir aus-
sitôt, laissant sur cette terre lointaine les restes d'un prince étranger parmi des milliers de cadavres français, escapade ridicule autant que coupable, qui permet à l'Allemagne de se constituer aux
grands applaudissements de nos petits hommes d'État.

Cependant on énerve la France par d'adroites excitations aux
jouissances matérielles et à l'oubli des saines traditions qui avaient
fait sa force. Un peuple absorbé par ses plaisirs n'est plus à craindre
pour des chefs dissolus. On doit compter avec des citoyens ; des
abrutis se mènent comme l'on veut. De jour en jour la société se
désagrége au son des fanfares et sous les fleurs ; l'encens officiel
combat les émanations mortelles de la décomposition sociale ;
éblouis par un bien-être factice, nous marchons d'un pas chancelant
vers l'abîme.

Mais tout à coup le peuple se réveille et demande à l'Empire ce
qu'il a fait de son honneur, de ses enfants et de son or. La colère
fermente dans tous les cœurs et se manifeste par une opposition
sans cesse grandissante ; l'étoile des Bonapartes pâlit : Napoléon III
se souvient du moyen qui lui a toujours réussi. Une expedition
glorieuse paraît seule devoir retremper sa dynastie et assurer à son
fils la succession du trône qu'il a conquis.

Vous savez le reste : en quelques jours nos armées sont massacrées,
notre matériel de guerre est anéanti, notre fortune compromise, nos
frontières mêmes sont livrées à l'ennemi. La dynastie des Bonapartes
se noie dans le bain de sang qu'elle s'etait préparé, et nous livre
encore une fois à une défense désespérée, sans soldats, sans argent,
sans direction.

Mais la mouche en suçant la morsure de l'aigle avait eu soin d'y
déposer son œuf. Et c'est cet œuf que vous voudriez faire eclore !

Dans le mal, Napoléon III imita jusqu'au bout Napoléon Ier. L'oncle nous avait perdu les frontières de la République, le neveu nous

perdit les frontières de Louis XVIII. Cette race, cette dynastie, composée de deux hommes, a par deux fois rapetissé la France et compromis son avenir. Sachez-le, Monsieur, nous aimons trop notre malheureuse patrie pour la livrer aux mains débiles du dernier des Napoléons ! il l'achèverait.

Je continue.

La Révolution a toujours enfanté le despotisme ; nous faisons donc bien, vous de compter sur elle, moi de la combattre. A la République mourante sous ses coups vous voulez faire succéder le descendant de ces deux aventuriers — l'un de génie, l'autre d'astuce — qui nous firent tant de mal ! Nous nous opposons énergiquement à cette restauration qui serait le signal d'une quatrième et terrible invasion et peut-être d'un nouveau démembrement de notre bien-aimé pays.

Pour assurer à celui que vous appelez Napoléon IV la succession politique de son père, vous marchez de concert avec les anarchistes contre le prince Henri de Bourbon. Savez-vous ce que fut cette race à laquelle vous ne rougissez pas d'opposer un Bonaparte ! Avez-vous oublié que c'est avec elle, et avec elle seule, que nos pères constituèrent ce grand et beau pays de France dont, malgré tout, nous devons être si fiers ! Vous arrêtez vos souvenirs à 1792, absolument comme s'il ne s'était rien passé avant. C'est adroit, l'histoire de France étant l'histoire de la maison de Bourbon, en biffant la première vous éludez la seconde ; mais c'est injuste, la Révolution n'ayant jamais formé, en somme, qu'un chapitre fort court au livre où sont inscrits nos fastes et nos gloires... Si vous avez la mémoire assez faible pour oublier les plus belles pages de notre histoire, ou, ce que je ne veux penser, l'âme assez peu française pour les arracher de votre souvenir, laissez-moi vous en dérouler ici le rapide sommaire.

Nous avons vu qui a rapetissé la France ; voyons maintenant qui l'a faite :

⁎

A l'avénement de Hugues Capet (987), chef de la troisième race, trois provinces, l'Ile-de-France, l'Orléanais et la Picardie composaient le duché de France, point de départ de notre grandeur, centre autour duquel devaient laborieusement se grouper les divers éléments de la grande nation. En 1100, Philippe Ier joint à ces vieilles provinces le Berry, qu'il achète au Vicomte de Bourges. Un peu plus tard, Philippe-Auguste arrache des mains de Jean-sans-Terre la Normandie (1192-1200) et l'ajoute, ainsi que la Touraine, au patrimoine de la Maison de France. C'est à Philippe III le

Hardi que nous devons le Languedoc, acquisition que confirme Jean II et dont Charles V le Sage consomme l'union. En 1284, Philippe IV le Bel, par son alliance avec Jeanne de Navarre, assure la Champagne à la France, et quelques années après, 1312, s'empare du Lyonnais. Philippe IV, malgré ses revers, travaille encore à la formation de la mère-patrie; en 1349, il obtient du comte de Dauphiné, Humbert II, les riantes vallées de l'Isère, et accentue, par cette nouvelle acquisition, notre extension vers la barrière des Alpes. Charles V le Sage enlève aux Anglais le Limousin (1369) et l'Angoumois (1370). Bientôt le Poitou, la Saintonge et l'Aunis tombent en son pouvoir. La France, compromise avec Charles VI, se réveille et reprend l'œuvre de l'unité nationale avec une nouvelle ardeur sous Charles VII; elle s'enrichit alors de la Guyenne et de la Gascogne. Louis XI paraît, et par une habile politique étend encore nos frontières; avec lui la Bourgogne, l'Anjou, le Maine et la Provence sont incorporées au royaume. Charles VIII acquiert la Bretagne, que nous assure Louis XII. François Ier unit la Marche, l'Auvergne et le Bourbonnais à notre patrie toujours grandissante. Henri IV apporte à la France l'héritage de ses pères, savoir : le Béarn, le comté de Foix et une partie de la Gascogne. Louis XIII arrache l'Artois, le Roussillon et l'Alsace aux Espagnols (1641). Louis XIV confirme les précédentes victoires, relie Strasbourg à l'Alsace, achète Dunkerque aux Anglais, obtient les évêchés de Toul, Metz et Verdun, ainsi que le comté de Clermont, et ajoute enfin à notre territoire le Nivernais, la Flandre et la Franche-Comté. Enfin, du sein des voluptés où il se plonge, Louis XV se souvient encore des traditions de sa race et nous donne la Lorraine et la Corse.

Je ne mentionne ici que les conquêtes durables, celles que nous conservions encore avant le second Empire. Je laisse de côté tous ces brillants faits d'armes, toutes ces entreprises héroïques, ces succès de notre diplomatie, alors prépondérante, qui firent connaître et respecter le grand nom de France dans le monde entier, et flotter le drapeau français sur une partie de l'Europe; gloires stériles qui peuvent lutter avantageusement avec celles de Bonaparte, mais ne doivent pas entrer dans ce bilan succinct de la Maison de France. Je demande : Qui donc a fait la France ? L'histoire me répond : La race héroïque dont Henri de Bourbon est le fier descendant, et cela me suffit. Sur 36 provinces, la Monarchie légitime nous en a donné 35. Ce chiffre a son éloquence.

Oui, avant la crise révolutionnaire de 92, il y avait une France avec laquelle nulle autre nation ne pouvait lutter de grandeur; une

France aimée, respectée, dont la voix était écoutée en Europe, et dont les rayonnements s'étendaient sur toute la surface du globe. C'était à elle que les peuples demandaient la lumière, c'était d'elle encore, à la veille de sa chute, que le nouveau monde recevait la liberté. Gloire militaire, gloire scientifique, gloire artistique et littéraire, rien ne manquait à son éblouissant diademe. En même temps qu'elle étendait ses frontières, la grande nation modifiait ses institutions selon les besoins de son existence progressive : en 1789, elle y mettait la dernière main, lorsque la fièvre s'empara de nous, et nous lança dans le chaos. Ah! Monsieur, elle était belle cette France avant que la démagogie eût froissé son cœur, et que le césarisme eût imprimé sa marque fletrissante sur son front radieux et pur !

A partir de ce moment, pour vouloir trop marcher, nous sommes tombés d'abîme en abîme, La Révolution maîtresse enraya les progrès réels de la France. Elle changea tout, bouleversa tout, brisa tout et ne fit rien. Toutes les réformes utiles, que s'attribuent les révolutionnaires, datent de 89 et sont contresignées par le Roi. Tout ce qu'après la France, livrée à un immense délire, tenta de faire fut vain, car la stabilité avait deserté nos institutions en même temps que la sagesse et la justice. Rongée par une fièvre jusqu'alors inconnue, notre malheureuse Patrie se livra aux excès les plus épouvantables; elle souilla son royal vêtement du sang généreux de ses fils répandu de ses propres mains. Elle s'enivra du mensonge que des misérables lui versaient à pleine coupe, et folle de rage, roula bientôt dans les dernieres fanges du crime.

Plus tard, lorsque la France, saignée à blanc par les exécutions de la Terreur et les grandes guerres de l'Empire, tombait évanouie sous le pied de l'étanger, qui donc appela-t-elle pour panser ses blessures, plaies mortelles pour toute autre nation? Ce fut un Bourbon. Le peuple se souvint qu'il avait un Roi pour l'aimer, comme l'enfant prodigue, brisé par la misère, fruit amer de ses folles débauches, se souvint qu'il avait un père.

Et, dans un temps plus rapproche, lorsque le souffle révolutionnaire fit tomber, une fois encore, cette race du trône qu'elle avait si noblement occupé pendant une longue suite de siecles, la Révolution étonnée trouva la France agrandie de nouveau : l'Algerie était reliée à la France.

Relisez l'histoire, Monsieur, et vous conviendrez avec moi que la mission d'agrandir, de relever et d'embellir la France semble avoir

été le privilége exclusif de la famille des Bourbons, tandis que celle
de la rapetisser devait échoir aux Bonapartes, comme celle de
l'affaiblir et peut-être, hélas! de la détruire appartient fatalement à
la Révolution.

*
* *

L'idée républicaine m'avait un instant charmé, je l'avoue; malheureusement, conduite par les hommes que nous connaissons, la
troisième République, comme les deux autres, ne peut nous mener
qu'au désordre ou au Césarisme. Nous y courons. Ce n'est donc pas
seulement par enthousiasme que j'acclame le retour d'un Bourbon,
c'est aussi par raison. Il est temps, grandement temps de reprendre
sérieusement l'œuvre de 89 (1), et d'exécuter avec sagesse les réformes que nos pères crurent pouvoir imposer au pays par la
violence, et qu'ils dépassèrent dans leur élan fiévreux. Les progrès
lents sont seuls durables. Assez de malheurs! assez d'essais éner-
vants et ruineux! assez d'angoisses et d'inquiétudes! La crise
révolutionnaire a déjà trop duré; arrêtons-la !

*
* *

Pour nous sauver remettrons-nous nos destinées entre les mains
d'un enfant dont le seul titre est de porter un nom grandi par notre
héroïsme? Non! non!

La France a besoin d'un cœur honnête pour la comprendre et
d'une main ferme pour la soutenir; elle a besoin de retrouver sa
grandeur et son ancienne majesté. Il lui faut un homme dont la
noblesse, la franchise et la loyauté soient au-dessus de toute
atteinte, un homme qui puisse tenir haut levé le drapeau de la
France, et rappeler aux puissances étrangères que nous sommes

---

(1) Il n'est peut-être pas inutile de vous rappeler ici le dispositif du rapport
lu au nom du Comité de constitution, dans la séance du 27 juillet 1789, par
M de Clermont-Tonnerre :

Art. 1er. Le gouvernement francais *est un gouvernement monarchique.*

Art. 2. La personne du roi est inviolable et sacrée.

Art. 3. La *couronne est hereditaire de mâle en mâle.*

Art. 4. Le roi est dépositaire *du pouvoir executif.*

Art. 5. Les agents de l'autorité *sont responsables.*

Art. 6. La sanction royale est nécessaire pour la promulgation des lois.

Art. 7. La nation fait la loi avec la sanction royale.

Art. 8. *Le consentement national est necessaire à l'emprunt et à l'impôt.*

Art. 9. L'impôt ne peut être accordé que d'un terme à l'autre des Etats
généraux.

Art. 10. La propriété sera sacrée.

Art. 11. *La liberte individuelle sera sacree.*

toujours la glorieuse nation dont elles recherchaient jadis l'alliance et la protection avec tant de crainte et de respect. Voilà pourquoi nous rappelons Henri de Bourbon.

Il est l'honnête homme par excellence ; son passé nous est garant de l'avenir. Qui donc pourrait lutter avec lui pour la droiture de caractère et la grandeur d'âme ? Personne ! J'ai beau tourner mes regards autour de moi, je ne vois que lui, toujours lui, se détachant en lumière sur ce siècle d'égoïsme, de mensonge, de platitude et de bassesse. Montrez-nous dans l'histoire des révolutionnaires célèbres, y compris les Napoléons, un acte comparable à cette lettre sublime de Salzbourg ! Pas même au prix d'une couronne (et quelle couronne !) il ne laisserait subsister un malentendu entre la France et lui ! Il veut qu'on le connaisse tout entier, et que nous puissions le lire du cœur à l'âme. Il ne sait pas tromper, n'ayant jamais trompé.

Je vous le répète, Monsieur, Henri de Bourbon est le seul prince qui convienne à la France : à grand peuple, grand roi.

Résumons-nous.

Vous et les vôtres avez posé cette question qui définit parfaitement la situation :

REVOLUTION OU LEGITIMITE.

La France, par l'organe de ses représentants, vous répondra : « Je veux renaître ! je veux me relever et grandir ! Vive le Roi ! » Car j'espère que, dans cette lutte décisive, le Dieu de Clovis ne nous abandonnera pas.

Peut-être, un jour, revenu de vos illusions bonapartistes, vous reconnaîtrez que j'avais raison en parlant aujourd'hui comme je le fais. Dès maintenant, je puis vous assurer que si vous avez le malheur de repousser la monarchie nationale, la contre-fusion sera votre perte aussi bien que la nôtre.

Pardonnez-moi, je vous prie, Monsieur, la première partie de cette lettre, comprenez-en la seconde, et croyez à ma parfaite considération.

UN ÉLECTEUR.

Paris, 1er et 2 novembre 1873.

PARIS. — IMP. VICTOR GOUPY, RUE GARANCIÈRE, 5.

www.ingramcontent.com/pod-product-compliance
Lightning Source LLC
Chambersburg PA
CBHW061740060726
47597CB00007B/2684